Landeshauptstadt

STUTTGART

Bildfüh...

un...

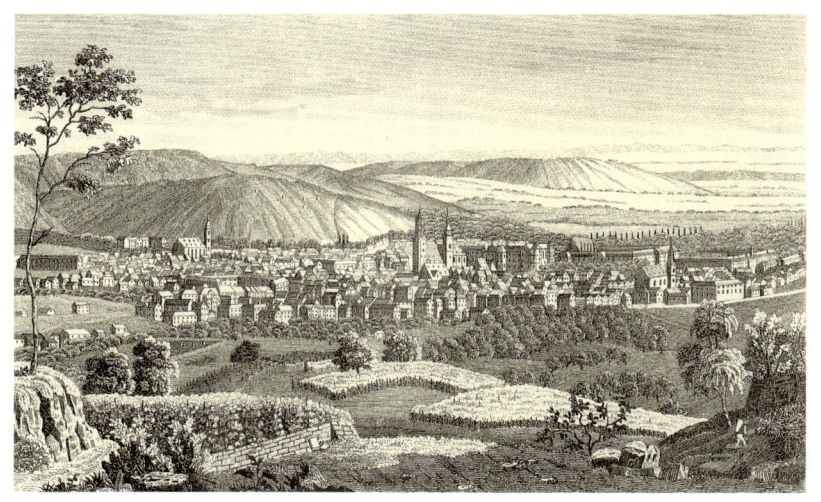

Stuttgart um 1830

Text: Wolfgang Kootz

Kraichgau Verlag GmbH

Allerlei Wissenswertes

Verehrter Gast,

dieses Büchlein soll Ihnen helfen, sich in der Landeshauptstadt Stuttgart zurechtzufinden und Zeugen ihrer Geschichte als Residenz der Herzöge, Kurfürsten und Könige von Württemberg aufzufinden. Im ersten Teil bieten wir Ihnen einen Rundgang durch das Stadtzentrum an, für den sich der Hauptbahnhof als Ausgangs- und Orientierungspunkt anbietet. Er führt durch Einkaufspassagen und -straßen zu den erhaltenen oder wieder aufgebauten markanten Bauten aus der Zeit der Residenz, zu den Schlössern, zu Kirchen, öffentlichen Gebäuden und Bürgerhäusern. Als Mindestzeit sollten Sie 2 Stunden einkalkulieren, nicht gerechnet die möglichen Innenbesichtigungen sowie die Besuche der zahlreichen Museen und der Galerien.
Es folgt ein Gang durch die langgestreckten Anlagen des Schloß-gartens. Ebenfalls am Hauptbahnhof beginnend, führen gepflegte Spazierwege vorbei am modernen Planetarium zum Rosensteinpark und schließlich zur Wilhelma. Dieser botanisch-zoologische Garten bildet mit seinen interessanten Bauten in maurischem Stil eine Besonderheit und eine der Hauptattraktionen der Stadt. Zumindest für den Rückweg sollten Sie die S-Bahn wählen, denn die Strecke beträgt gut 3 km, ohne eventuelle Umwege zu rechnen.
Zahlreiche Sehenswürdigkeiten des Stadtgebiets liegen außerhalb des Zentrums, so daß sich die Benutzung des gut ausgebauten Verbund-Netzes aus Straßenbahn, Stadtbahn-, S-Bahn- und Bus-linien empfiehlt. Mit den S-Bahnen erreichen Sie innerhalb von 15 bis 20 Minuten ab dem Hauptbahnhof auch die sehenswerten Nachbarstädte Ludwigsburg, Marbach und Esslingen, die am Schluß unseres Büchlein beschrieben sind.

Stuttgart heute

Die einstige Residenz der Württemberger hat sich im Laufe der beiden letzten Jahrhunderte zu einer modernen Landeshauptstadt mit ca. 550.000 Einwohnern entwickelt. Der weltweit berühmte schwäbische Tüftler- und Erfindergeist machte die Stadt zu einer der bedeutendsten Wirtschaftsmetropolen, in der Weltfirmen wie Daimler-Benz, Bosch, Porsche, Neoplan, IBM, Kodak und ALCATEL-SEL ihren Sitz haben. Von hier aus eroberte eine der umwälzendsten technischen Erfindungen der Neuzeit die Welt: der Benzinmotor des Gottlieb Daimler. Doch auch als Universitätsstadt mit immerhin 20.000 Studenten hat Stuttgart inzwischen einen guten Ruf. Weder die Industrie noch die Hochschule können jedoch die hohe Zahl der Besucher erklären - immerhin zählt Stuttgart jährlich mehr als 1,5 Millionen Übernachtungen. Mehr Anreiz bietet da schon die Lage im Talkessel am Neckar, umrahmt von bewaldeten Hügeln und Weinbergen, die sich bis zum Bahnhof hinziehen. Besonders, wenn er sich von Südosten her aus Richtung Degerloch Stuttgart nähert, genießt der Besucher einen imposanten Blick auf eine der schönstgelegenen Großstädte Deutschlands.

Außer dem Erfinder Daimler lebten der große Philosoph Hegel und der weltberühmte Dichter Schiller in der Schwabenmetropole, die sich auch deshalb der Kultur besonders verpflichtet fühlt. Neben den beiden Häusern des Staatstheaters bieten zahlreiche Klein-bühnen Schauspiele für Alt und Jung. Besonders berühmt ist das Ballett des Staatstheaters. Weltstadtniveau haben auch die berühmten Chöre und Orchester wie das Radio-Sinfonieorchester und die Bach-Akademie, die Stuttgarter Philharmoniker und das Kammerorchester. In den Museen und Galerien der Stadt findet der Besucher überreiche Sammlungen von Kulturgütern aus ver-gangenen Jahrhunderten sowie der Neuzeit. Auch Freunde des Spitzensports kommen in Stuttgart auf ihre Kosten, wenn am Wochenende das Gottlieb-Daimler-Stadion oder die Hanns-Martin-Schleyer-Halle ihre Pforten öffnen oder auf dem Weißenhof und in Filderstadt Tennisspieler der Weltklasse ihr Racket schwingen.

Die Geschichte der Stadt und ihrer Schlösser

1.Jh.n.Chr.	Im heutigen Ortsteil Cannstatt existiert ein römisches Kastell mit Siedlung.
10.Jh.n.Chr.	Herzog Liudolf von Schwaben, ein Sohn Kaiser Ottos des Großen, unterhält ein Gestüt (= Stutengarten), auf dem Platz des heutigen Alten Schlosses. Es wird zum Ursprung der Stadt und zu ihrem Namensgeber.
ab 1219	Markgraf Hermann von Baden lässt das Dorf zu einer Stadt ausbauen.
um 1250	Durch Heirat des Grafen Ulrich I., des Stifters, mit Mechthild von Baden gelangt Stuttgart an Württemberg.
ab 1311	Die Stammburg der Württemberger im nahen Beutelsbach wird samt Stift und Grablege von der Reichsstadt Esslingen zerstört. Graf Eberhard I., der Erlauchte, verlegt draufhin seine Residenz nach Stuttgart. Er läßt den Stutengarten zum Wasserschloß ausbauen und die Pfarrkirche erbauen. Stuttgart wird zum Zentrum des Württembergischen Territoriums und zählt um die folgende Jahrhundertwende bereits 4000 Einwohner.
1442	Teilung Württembergs in den Stuttgarter und den Uracher Teil.
1482	Münsinger Vertrag: Stuttgart wird Haupt- und Residenzstadt des wieder vereinten Landes.
1495	Württemberg wird zum Herzogtum erhoben.
1514	"Armer Konrad": Aufstand der Remstaler Bauern und Winzer gegen Steuerlasten und Mißwirtschaft. Gegen die Gewährung weitreichender Rechte unterstützt die Vertretung der Städte und der Geistlichkeit Herzog Ulrich. Dennoch wird er vertrieben und muß sein Land den Habsburgern überlassen (1520-34).
1525/26	Bauernkrieg: Der Stuttgarter Maler Jörg Ratgeb dient dem Bauernheer als Kanzler. Nach dessen Niederlage wird Ratgeb in Pforzheim durch Vierteilen hingerichtet.
1534	Herzog Ulrich kehrt zurück, Württemberg schließt sich der Reformation an.
1552	Kaiser Karl V. bestätigt die Souveränität des Herzogtums als Lehen des Heiligen Römischen Reiches Deutscher Nation.
ab 1553	Ausbau der mittelalterlichen Wasserburg zum heutigen Renaissance-Schloß unter Baumeister A. Tretsch.

1648	Die Einwohnerzahl Stuttgarts ist durch die Folgen des 30jährigen Krieges von zuvor 9000 wieder auf 4000 abgesunken.
ab 1704	Bau des Barock-Schlosses Ludwigsburg mit dem Lust-schlößchen Favorite.

Herzog Eberhard Ludwig, Bauherr des Schlosses Ludwigsburg.

1710	Herzog Eberhard-Ludwig bewohnt mit seiner Maitresse Wilhelmine von Grävenitz Schloß Ludwigsburg, 1718 folgt der Hofstaat. Ludwigsburg wird 1724 offizielle Residenz, in Stuttgart lebt nur noch die Herzogin mit ihrem bescheidenen Hofstaat. Die Lasten für die Bevölkerung steigen gewaltig, viele unzufriedene Untertanen wandern nach Amerika aus.
1734	Herzog Carl Alexander verlegt auf Betreiben der Landstände Hof und Residenz nach Stuttgart zurück.
ab 1746	Bau des Neuen Schlosses in Stuttgart.
1764-75	Ludwigsburg ist erneut vorübergehend Haupt- und Residenzstadt unter Herzog Carl Eugen (1744-1793). Er läßt die Schlösser Solitude, Grafeneck und Monrepos errichten sowie das Gut Hohenheim zum Schloß ausbauen.
1781	Die ehemalige Militärausbildungsstätte "Carlsschule" wird Universität (bis 1794).
1803	Württemberg wird zum Kurfürstentum erhoben.
1805	Napoleon I. erweitert das Land auf die doppelte Größe und erhebt es zum Königreich. Die Hauptstadt Stuttgart hat über 20.000 Einwohner.

Daimler Motorkutsche von 1886: 1,5 PS stark bei 469 ccm, Höchstgeschwindigkeit 16 km/h.

1819	Württemberg wird konstitutionelle Monarchie.
1845	Eisenbahnverbindung zwischen Cannstatt und Esslingen. Stuttgart entwickelt sich zu einer bedeutenden Industriestadt.
1885	Erste Fahrt eines Daimler-Automobils.
1890	Gründung der Technischen Hochschule.
1918	König Wilhelm II. dankt ab. Württemberg wird Freistaat.
1920	Kapp-Putsch: Reichspräsident, Regierung und Reichstag flüchten von Berlin nach Stuttgart. Richard v. Weizsäcker wird im Neuen Schloß geboren.
1944	Luftangriffe zerstören die Stuttgarter Innenstadt.
1945	Ende des 2. Weltkriegs: Stuttgart wird Hauptstadt des Landes Württemberg-Baden.
1952	Gründung des Bundeslandes Baden-Württemberg mit Stuttgart als Hauptstadt.
1952-56	Bau des Fernsehturms. Die Stadt hat mehr als 600.000 Einwohner.
1967	Gründung der Universitäten Hohenheim und Stuttgart.
1984	Eröffnung der neuen Staatsgalerie.
21. Jh.	Stuttgart 21: neues Verkehrskonzept um Hauptbahnhof und Flughafen.

Ein Rundgang durch Stuttgarts Altstadt

Am Oberen Schloßgarten

Wir beginnen unsere Führung im Zentrum der Stadt, am **Haupt-bahnhof** ❶. In der Klett-Passage orientieren wir uns zum Ausgang "Königstraße", die zu einer der Haupt-Einkaufsstraßen der baden-württembergischen Metropole führt. Auf der linken Seite, am Beginn der Straße, ist das **Touristik-Zentrum (i-Punkt)** ❷ untergebracht. Nach etwa 100 Metern folgen wir der Theaterpassage nach links. Vor uns dehnt sich der Obere Schloßgarten mit einer Ansammlung bedeutender Gebäude, die sich um den Theatersee gruppieren. Uns gegenüber erhebt sich das **Staatstheater** ❸ mit dem Großen (rechts mit Säulenvorbau) und dem modernen Kleinen Haus, Anziehungspunkt für Freunde der Oper, des Balletts und des Schauspiels. Das Opernhaus entstand 1912 anstelle des abgebrannten Hoftheaters im Stil des späten Historismus und überstand als eines der wenigen Gebäude der Innenstadt den 2. Weltkrieg. Das kleinere Schauspielhaus jedoch wurde schwer beschädigt und 1959-62 durch einen vieleckigen Neubau ersetzt. Denkmäler aus den Jahren 1913/14 erinnern an das Dichtergenie Friedrich Schiller und die Kammersängerin Anna Sutter, die 1910 einem Eifersuchtsdrama zum Opfer

Blick über den Theatersee auf den Säulenbau des Großen Hauses (1909-12), das zum Württembergischen Staatstheater gehört.

fiel. Das Staatstheater gelangte durch meisterlich inszenierte Wagneropern, Schillerdramen und Carl-Orff-Uraufführungen zu nationaler Berühmtheit. Besonderes Ansehen in aller Welt brachten ihm die Aufführungen des Balletts.

Die neue Staatsgalerie (1984) in postmodernem Stil beherbergt die moderne Abteilung eines der meistbesuchten Museen Deutschlands.

Ein Fußweg zwischen dem Großen Haus und dem quaderförmigen Landtagsgebäude führt uns zur Konrad-Adenauer-Straße, durch die mehrspurig der Autoverkehr flutet. Gegenüber erhebt sich das neue Haus der Abgeordneten, links das massige Gebäude der **Staatsgalerie** ➍, ein Mekka für Kunstliebhaber. Seit 1984 der Erweiterungsbau, die Neue Staatsgalerie, eröffnet wurde, gehört sie zu den meistbesuchten Museen in Deutschland. Die Alte Staatsgalerie (1843) zeigt im Eingangsgeschoß eine graphische Sammlung mit über 300.000 Blättern aus 5 Jahrhunderten sowie wechselnde Präsentationen südwestdeutscher Kunst im 20. Jahrhundert. In den 4 Abteilungen des Obergeschosses finden sich altdeutsche, italienische und niederländische Malerei mit Werken Ratgebs (1519), Tiepolos, Rubens und Rembrandts sowie eine Auswahl der Malerei und Plastik des 19. Jahrhunderts mit Werken Caspar David Friedrichs, Feuer-bachs, Monets, Renoirs, Cezannes und Gauguins. Der heutige gute Ruf der Staatsgalerie gründet jedoch vor allem auf die postmoderne Architektur (James Stirling) und ihre moderne Abteilung, die im

Staatsgalerie:
Die Badenden (Pablo Picasso)

Claude Monet:
Felder im Frühling.

neuen Gebäude untergebracht ist und inzwischen zu den bedeutendsten Sammlungen in Deutschland zählt. Sie beherbergt einen reichen Bestand von Werken Picassos und vieler seiner Zeitgenossen bis hin zur Gegenwart. Wohl einzigartig ist der öffentliche Fußgängerweg, der durch den Bau der Neuen Staatsgalerie führt und die Vorbeigehenden animiert, das Museum von innen zu besichtigen.

Weiter rechts stehen die Bauten der **Landesbibliothek** ➎ (allein über 14.200 Bibeln in mehr als 100 Sprachen) und des Landesarchivs. Die Stadtbücherei ist im Wilhelmspalais untergebracht. Wir folgen dem Fußweg zwischen der verkehrsreichen Straße und dem Landtag in den Akademiegarten. Den hübschen Brunnen an der Wegspinne zieren 4 wasserspeiende Löwen, das württembergische Wappen sowie zahlreiche Fabeltiere. Der gußeiserne Empire-Brunnen entstand 1811 nach einem Entwurf von Hofbaumeister Thouret. Ein Grundriß erinnert an die Hohe Carlsschule, die zwi-

Das Haus des Landtags (1959-61), ein schlichter Zweckbau auf quadratischem Grundriß.

Staatsgalerie:
Di-So 11-19 Uhr, jeden ersten Samstag im Monat bis 24 Uhr. Mittwochs freier Eintritt.
Tel. 0711/212-4050

schen 1775 und 1794 hier als Ausbildungsstätte bestand und ab 1781 den Rang einer Universität hatte. Ihr berühmtester Schüler war Friedrich Schiller, der sich hier zum Militärarzt ausbilden ließ und gleichzeitig "Die Räuber" verfaßte. Von hier werfen wir einen umfassenden Blick auf die Rückseite des U-förmigen Neuen Schlosses, das zwischen 1746 und 1807 in verschiedenen Stil-elementen (Barock, Rokkoko, Empire und Klassizismus) entstand. Damals als Residenz der Herzöge und - ab 1805 - Könige von Württemberg erbaut, dient es heute der Landesregierung zur Unterbringung des Finanz- und des Kultusministeriums sowie für Repräsentationszwecke.

Das Kunstgebäude von 1910-13, das der Volksmund "Zum Goldenen Hirsch" nennt, beherbergt die Städtische Galerie

▲ Parkanlage am Neuen Schloß.

◀ Skultur im Schloßgarten: Eva.

Klassische Darstellung ▶ Adams.

Der Fußweg zwischen dem Neuen Schloß und dem Landtag leitet uns geradewegs auf das **Kunstgebäude ❻** an der Nordwestseite des Oberen Schloßgartens zu. Ein vergoldeter Hirsch krönt den markanten Kuppelbau (1910-13). Er dient den Ausstellungen des Württembergischen Kunstvereins und birgt die Galerie der Stadt Stuttgart mit der berühmten Dix-Sammlung.

Der Schloßplatz

Von hier blicken wir auf einen der meistgerühmten Plätze Deutschlands, der durch seine grandiose Weite besticht, den **Schloßplatz ❼**. Anläßlich der Bundesgartenschau 1977 wurde er in der jetzigen Form gestaltet. In seinem Zentrum erhebt sich die schlanke Jubiläumssäule, gestiftet 1841 von den Ständen anläßlich des 25-jährigen Regierungsjubiläums von König Wilhelm I. Die qualitätvollen Sockelreliefs stellen die Huldigung durch die Stände dar sowie Wilhelm als Kronprinz und Teilnehmer an den Befreiungskriegen von 1814. Den Obelisk krönt eine 4 m hohe Bronzefigur, die "Eintracht". Flankiert wird er von 2 identischen Schalenbrunnen mit wasserspeienden Löwenköpfen und den Darstellungen der wichtigsten Flüsse des Königreichs.

Vorbei an Löwe und Hirsch mit den Wappen des Herrscherhauses fällt unser Blick auf die harmonische Fassade des **Neuen Schlosses ❽**, deren figürlicher Schmuck sich auf die Wappenschilder und Statuen an der oberen Balkonbrüstung beschränkt. Ältester und schönster Bauteil ist der Gartenflügel, links, der ab 1746 unter L. Retti entstand und durch seine harmonischen Formen besticht. De la Guêpière war Architekt des Mittelbaus, der ebenso wie der Gartenflügel den Baustil des Spätbarock verkörpert. Der Planie-Flügel schließlich, mit dem die Anlage 1807 vollendet wurde, ist im klassizistischen Stil erbaut. Während man nach den Zerstörungen des 2. Weltkriegs die Fassaden zwischen 1956 und 1962 originalgetreu wieder aufbaute, wurden die ursprünglich 365 Räume völlig umgestaltet.

Erholung im Ehrenhof des Neuen Schlosses Stuttgart. Den spätbarocken Mittelbau ziert ein Doppelsäulenvorbau mit aufgesetztem Dreiecksgiebel.

▼ *Schloßplatz: Schalenbrunnen vor dem Kunstgebäude.*

▲ *Musikpavillon und Königsbau.*

Der schlicht gehaltene Ehrenhof weist auf den gegenüberliegenden **Königsbau** ❾ mit seinen 34 markanten ionischen Säulen, ähnlich einem griechischen Tempel. Im Auftrag König Wilhelms entstand hinter der 135 m langen klassizistischen Kolonnade 1856-60 ein riesiges Geschäftshaus mit Ladenpassagen, In den Sälen seines Obergeschosses fanden Ende des vorigen Jahrhunderts die Festlichkeiten des Hofes statt. 1861 fand hier die Wertpapierbörse ein Domizil, die seit 1991 erneut in dem repräsentativen Bau untergebracht ist. Vom hübschen gußeisernen Musikpavillon (1871) aus werden bei besonderen Gelegenheiten die Besucher des Schloßgartens unterhalten. Ein Bronzedenkmal (1889) erinnert an Herzog Christoph, den Begründer der württembergischen Kirchen- und Schulordnung. Mehrere moderne Plastiken von Hajek, Calder und Hrdlicka zeigen auf, daß sich Stuttgart als Weltstadt nicht nur an der Vergangenheit orientiert.

Der Königin-Olga-Bau und der Marquardtbau - mit Einkaufspassage - flankieren die Einmünsdung der Königstraße in den Platz. In der Verlängerung des Marquardtbaus erinnert eine Fassade am Eckhaus gegen die Lautenschlagerstraße an den alten Stuttgarter Hauptbahnhof.

Am Schillerplatz

Von jenseits der einstigen Verkehrsstraße "Planie" grüßt die Merkur-Säule (1598) mit der vergoldeten Statue (1862) des römischen Gottes. Sie weist uns den Weg zum Schillerplatz, der eingerahmt ist von historischen Bauwerken aus der frühen Zeit der württembergischen Hauptstadt. Seine Mitte markiert ein Standbild des großen schwäbischen Dichters, ein Werk des berühmten dänischen Bildhauers Thorwaldsen aus dem Jahr 1839. Die Merkur-Säule gehört zum massigen Bau der **Alten Kanzlei ❿** (1541-43), deren grau umrahmte Fenster und Portale sich wohltuend von den weiß getünchten Außenwänden abheben. Nach links schließt sich der etwas jüngere

Buntes Markttreiben um das Schillerdenkmal.
Hinter ihm der Prinzenbau (17. Jahrh.), rechts die Alte Kanzlei (16. Jahrh.).

Prinzenbau ⓫ (1604-1715) im Stil der Renaissance an, geplant als Hotel für Gesandte. Hinter dem Portal mit dem Wappen der Herzöge ist heute das Justizministerium untergebracht.
Der mächtige **"Fruchtkasten" ⓬** diente dem hier ansässigen Stift als Getreidespeicher und - im Erdgeschoß - als Kelter. Er wurde 1393

Schillerplatz:
Die Stiftskirche mit ihren ungleichen Türmen ist eines der Wahrzeichen Stuttgarts.
Rechts daneben der massige "Fruchtkasten".

erbaut, der prächtige Renaissancegiebel 1596 ausgeführt. Eine Gedenktafel erinnert an den bedeutenden Stuttgarter Humanisten, Dramatiker und Übersetzer Johann Reuchlin (1455-1522). In diesem Gebäude ist die umfangreiche Musikaliensammlung des Württembergischen Landesmuseums zu besichtigen.

Die benachbarte **Stiftskirche** ⓭ entstand ab 1170 und ist die älteste Kirche der Stadt. Immerhin stammt der Sockel ihres Westturms

Stiftskirche:
Blick durch das Langhaus auf den Ostchor.

aus der Stauferzeit. Mit ihrem 61 m hohen Westturm gilt sie als eines der Wahrzeichen Stuttgarts. Aus der Entstehungszeit der Kirche ist allerdings nur die quadratische Kapelle im Unterbau des südlichen Chorturms erhalten, in der sich das prächtige Doppelgrabmal für Graf Ulrich I. und seine Gemahlin Agnes befindet. Es stammt aus der Zeit um 1230, noch ehe Stuttgart die Stadtrechte erworben hatte (1250). Gegen Mitte des 14. Jahrhunderts entstand der Chor, zwischen 1433 und 1531 das Langhaus mit dem Westturm. Zum Teil überaus prächtige Grabdenkmäler von Adligen des 16. und 17. Jahrhunderts sind im Innern des Gotteshauses angebracht. Insgesamt sind über 100 Ahnen des württembergischen Fürstenhauses in der Stiftskirche bestattet worden, die Mehrzahl allerdings in der Fürstengruft (1608) unter dem Chor, die nicht zugänglich ist. Elf Standbilder württembergischer Grafen schmükken die Nordwand des Chors, qualitätvolle Werke des Bildhauers Sem Schlör aus dem Jahr 1576. Von ihm stammt auch das Tischgrab des Grafen Albrecht von Hohenlohe-Langenburg, der als Gast bei der 2. Hochzeit Herzog Ludwigs 1575 bei einem "Scharfturnier" den Tod fand. Das Grabmal befindet sich auf dem Altarplatz gegenüber der Stifterkapelle, ebenso wie das für den "letzten Minnesänger", Hermann von Sachsenheim (gest. 1458). Seine umfangreiche Grabinschrift hatte er selbst verfaßt. Das Epitaph seines gleichnamigen Sohnes (gest. 1508), den "Betenden Ritter", finden wir im Chorabschluß im Bereich der prächtigen Chorfenster, die beim Wiederaufbau der Kirche, nach 1945 entstanden.

Stiftskirche:
Fürstengrabmäler.

Bei ihrer Zerstörung am 5.9.1944 war u.a. auch die wertvolle gotische Kanzel (um 1500) in Trümmer gefallen, welche viele Jahre als verloren galten. Wie durch ein Wunder entdeckte man sie 1973 in einem Raum unter dem Boden der Gaisburger Kirche. Auf diese Weise erhielt die Stiftskirche wenigstens die 4 Reliefplatten zurück, aus denen man den Kanzelkorb im Chorabschluß gestaltete. Die Kunstwerke zeigen die 4 Evangelisten mit ihren Tiersymbolen.

Die älteste Glocke Stuttgarts steht in einem Vorraum nahe der Stifterkapelle. Im Jahr 1285 gegossen, hat sie ein Gewicht von 41 Zentnern. Sie gab einst das Signal zum Öffnen und Schließen der Stadttore. Genau gegenüber, an der Nordwand, finden wir weitere Kunstwerke aus der Zeit um 1500: den Schutzmantel-Christus und Reliefs mit den klugen und törichten Jungfrauen sowie Szenen um die Geburt Christi.

Das Alte Schloß mit dem Württembergischen Landesmuseum

Das **Alte Schloß** ⓮ ist der bauliche Höhepunkt des imposanten Platzes. Hier ist die Keimzelle Stuttgarts zu suchen, denn bereits im 10. Jahrhundert ließ Herzog Liudolf an dieser Stelle einen Wall aufschütten, um sein Gestüt, den "Stutengarten", zu schützen.

Altes Schloß: prächtige Arkaden zieren den Innenhof des einstigen württembergischen Residenzschlosses.

Altes Schloß: im Arkadenhof das Reiterdenkmal für Graf Eberhard "im Bart", Gründer der Universität Tübingen.

Die Schloßkirche ist sowohl jüngster Bauteil des Alten Schlosses als auch der älteste protestantische Kirchenbau Württembergs.

Damit wurde es auch zum Namensgeber der Stadt. Gegen Ende des 11. Jahrhunderts begann der Aufbau der Burg in Stein. Nachdem die Grafen "von Wirtemberg" ihren Hauptsitz hierher verlegt hatten, ließen sie 1325 den bis heute erhaltenen **Dürnitzbau** beginnen. Er erhielt seinen Namen nach dem Turniersaal im Erdgeschoß. Die beiden Fachwerk-Obergeschosse dienten Wohnzwecken. Der Ostflügel des heutigen Komplexes - gegenüber dem Haupteingang am Schillerplatz - wurde als Wasserburg mit einer gefluteten Grabenanlage ausgebaut.

Mitte des 16. Jahrhunderts ließ Herzog Christoph die Burg zu einem Renaissanceschloß umbauen. Dabei entstanden die Obergeschosse des Dürnitzbaus sowie seine Anbauten und die berühmte Reittreppe, eine Art überdachte Rampe, auf der man zu Pferde bis zum Rittersaal über der Dürnitz und zum 2. Obergeschoß gelangen konnte. Ab 1447 fügte man die Hofflügel mit den harmonischen **Renaissance-Arkaden** an, ein gelungenes Werk des Baumeisters Aberlin Tretsch. Mit der Einweihung der **Schloßkirche,** dem ersten protestantischen Kirchenbau in Württemberg, war der Umbau 1562 beendet.

Der repräsentative Innenhof mit den prachtvollen Arkaden gilt als der wohl schönste jener Zeit in Deutschland. Mitte des vorigen Jahrhunderts fügte man das **Reiterstandbild** hinzu. Es stellt Graf Eberhard "im Bart" (1445-96) dar, den ersten Herzog von Württemberg und Gründer der Universität Tübingen. Mit einem kurzen Intermezzo (1724-34) blieb das Alte Schloß bis Mitte des 18. Jahrhunderts Residenz der Herzöge, ehe das weiträumige Neue Schloß seine Aufgabe übernahm.

Nach der Zerstörung durch Luftangriffe im 2. Weltkrieg begann man ab 1947 mit dem Wiederaufbau. Gleichzeitig fand man hier für die Einrichtung des **Württembergischen Landesmuseums** die geeigneten Räume. Ein aus Mammut-Elfenbein geschnitztes Löwenköpfchen entstand vor etwa 30.000 Jahren während der Steinzeit und gehört zu den ältesten Bildwerken der Menschheit. Aus keltischer Zeit (6. Jh. v. Chr.) stammen die Grabbeigaben des **Fürstengrabes von Hochdorf an der Enz,** das man 1978, vollständig erhalten, aufdeckte. Münzen und Gemmen, Uhren und wissenschaftliche Instrumente, Textilien und Kostüme aus vergangenen Jahrhunderten fesseln den interessierten Betrachter ebenso wie die Zeugnisse der Kunst und der Alltagskultur der klassischen Antike, der Römer, der Franken und Alemannen sowie des Mittelalters und der Neuzeit. Das Museum präsentiert außerdem eine Glassammlung von Weltrang. Besondere Kostbarkeiten wie z.B. das sogn. Stuttgarter Kartenspiel, die mexikanischen Federschilde und das aztekische Götterbild aus Jade sind im Kunstkammerturm untergebracht. Außerdem findet man dort die Bildnisse der ersten Herzoge, Rüstungen und Waffen, wertvolle Gefäße und Kuriositäten sowie der **württembergische Kronschatz** mit der Königskrone von 1806.

In der Gruft unter der Schloßkirche ruhen König Karl (✝ 1891) und seine Gemahlin, Königin Olga (✝ 1892), sowie Herzog Wilhelm Eugen und Herzogin Wera. Die kunstvollen Liegefiguren des Königspaars sind aus Carrara-Marmor gehauen.

Die Musikinstrumentensammlung des Museums ist im Fruchtkasten am Schillerplatz untergebracht.

Württembergisches Landesmuseum Stuttgart
im Alten Schloß
und Musikinstrumentensammlung:
Di 10-13 Uhr, Mi-So 10-17 Uhr. Tel. 279-0.

Information

Königskrone von 1824.

Bronzekessel, 6. Jahrh. v. Chr.

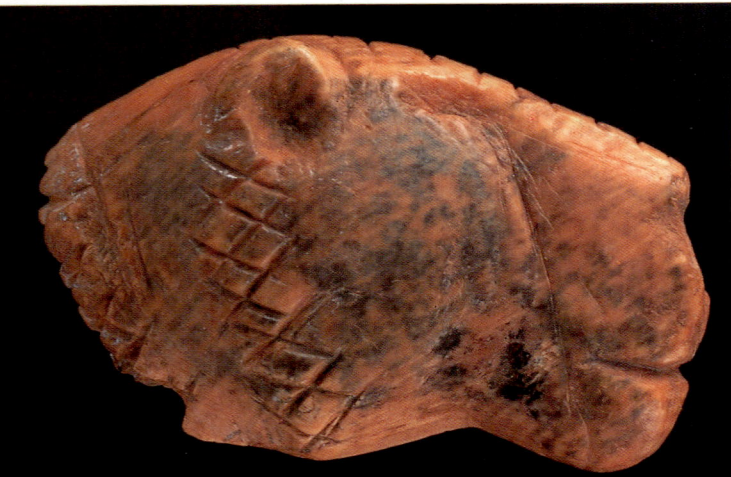

▲ *Löwenköpfchen, Steinzeit. (Abb. vergrößert)*

◄ *Türmchenuhr von 1583.*

Französisches Damenkleid (18. Jahrh.) ►

Beim Verlassen des Alten Schlosses werfen wir nochmals einen Blick über den imposanten Schillerplatz, den Herzog Friedrich I. vor 1600 - damals als Schloßplatz - gestalten ließ. Dafür mußten viele alte Bürgerhäuser abgerissen werden.

Entlang der Dorotheenstraße und vorbei an den markanten Maßwerkfenstern der Schloßkirche gelangen wir zum **Karlsplatz** ⓯. Hier war einst ein Schloßgarten angelegt, den ehemaligen Wassergraben bevölkerten Bären und Hirsche.

Karlsplatz mit Reiterstandbild Kaiser Wilhelms I., im Hintergrund der Dürnitzbau des Alten Schlosses mit seinen Rundtürmen.

Gegenüber liegt eine der schönsten Markthallen Deutschlands, erbaut 1911-14 als Handelszentrum für Lebensmittel. Neben den Ständen der Händler gibt es ein kleines Café im Erdgeschoß für rustikale Genüsse, der Gourmet-Imbiß auf der Empore ergänzt das Angebot. Einen ähnlich breitgelagerten Bau finden wir links vor der Einmündung der Dorotheenstraße, das Alte Waisenhaus (1712), das eigentlich als erste Kaserne Stuttgarts konzipiert war.

Die Markthalle (1911-14) am Karlsplatz gilt als eine der schönsten ihrer Art in Deutschland.

Durch Altstadtstraßen

Nahe dem Charlottenplatz überqueren wir die Hauptstätter Straße und gelangen ins **"Bohnenviertel"** ⑯, wo die erhaltene alte Bausubstanz vorbildlich in die neue integriert wurde. An der Leonhardskirche beginnt Stuttgarts "Sündige Meile", in Stuttgart "s'Städtle" genannt. Hier finden sich Nachtclubs und Absteigen ebenso wie Bars, Weinstuben und Galerien für Anspruchsvolle. In diesem Altstadtviertel wohnten einst Wein- und Gemüsegärtner, die ihm den Namen "Bohnenviertel" einbrachten. Es endet am Wilhelmsplatz, wo wir nach rechts in die Torstraße einbiegen. An der Ecke zur Eberhardstraße steht das **Geburtshaus Hegels** ⑰ (1770-1831). Es ist in 3 Stockwerken als Gedenkstätte für einen der bedeutendsten deutschen Philosophen eingerichtet und zu besichtigen.

Hegel-Haus:
Di, Fr 10-17.30 Uhr, Do 10-18.30 Uhr.
Tel. 0711/2166733.

Der romantische Schellenturm im Bohnenviertel.

Der Hans-im-Glück-Brunnen in der Fußgängerzone.

Die Eberhardstraße führt uns zur Rathauspassage, der wir zum **Marktplatz** ⓲ und dem Rathaus folgen. Durch den Marktplatzflügel (1953-56) erblicken wir den Altbau (1899-1905) des Gebäudes, dessen wohlklingendes Glockenspiel weit über die Altstadt zu hören ist.

Blick vom Rathaus über den Marktplatz, im Hintergrund die Stifts-kirche mit dem mächtigen Westturm.

*Markante Fassaden
mit einladenden Straßencafés
charakterisieren
die Calwer Straße.*

Wir verlassen den Marktplatz in Richtung Nordwesten über die Schulstraße und die Büchsenstraße und besuchen zunächst die historische **Calwer Straße** ⑲ mit ihren schmucken Fassaden. Besonders im Bereich der Fußgängerzone reiht sich hier Lokal an Lokal. Viele von ihnen bieten in der warmen Jahreszeit Außensitze an, was der Straße eine südländische Atmosphäre verleiht.

Vorbei an der zierlichen Hospitalkirche (1471-93, Turm 18. Jh.) und dem mächtigen Kultur- und Kongreßzentrum (1991) mit Liederhalle (1956, insgesamt 5300 Sitzplätze) folgen wir erneut der Büchsenstraße, bis sie in die Holzgartenstraße einmündet. Hier liegt linker Hand der **Hoppenlaufriedhof** ⑳, der älteste erhaltene Kirch-hof Stuttgarts. Er wurde während des 30-jährigen Krieges angelegt, als die alten Grabfelder für die zahlreichen Opfer von Krieg, Hunger und Seuchen nicht mehr ausreichten. Seit 1880 finden hier keine Beerdigungen mehr statt. Der Friedhof mit seinen alten Grabsteinen, der wie ein verwunschener Garten wirkt, dient als Parkanlage für Spaziergänge. Die Grabtafeln erinnern an den Stadtadel, an Offiziere und andere Mitglieder des gehobenen Bürgerstands, an die Dichter Gustav Schwab (1792-1850) und Wilhelm Hauff (1802-1827) sowie - auf einem anderen Gräberfeld - die jüdischen Bürger der Stadt. Nach Süden grenzt die Alte Reithalle von 1888 an, der älteste Stahl-Glas-Bau Baden-Württembergs. Die ehemalige "Pferdevor-führungshalle" diente ab 1926 als Versuchs- und Lagerhalle der Firma Bosch und wurde nach 1980 für kulturelle Veranstaltungen restauriert.

Die Holzgartenstraße mündet in den Hegelplatz, an dessen Nord-
seite das **Linden-Museum** ㉑ seinen Sitz hat. Die Sammlung geht
auf die Initiative des Grafen Karl von Linden zurück, der den
Bau des Völkerkunde-Museums (1911) ermöglichte. Seit 1973 wird
es von der Landeshauptstadt Stuttgart und vom Land Baden-Württemberg unterstützt. Inzwischen gehört die Sammlung zu den bedeutendsten ihrer Art in Europa. Sie gliedert sich in die Abteilungen
Afrika, Ozeanien (mit Australien), Amerika, Islamischer Orient sowie
Süd- und Ostasien und bietet eine Fülle von einmaligen Samm-
lerstücken aus diesen außereuropäischen Kulturkreisen.

![Linden-Museum Gebäude am Hegelplatz]

*Das Linden-Museum am Hegelplatz birgt eine bedeutende Sammlung
aus außereuropäischen Kulturen mit vielen Kostbarkeiten.*

Auf der entgegengesetzten Seite des Hegelplatzes liegt der Stadt-
garten, überragt von zwei Hochhäusern der Universität. Durch
diese Anlage gelangen wir - nach dem Überqueren einiger weiterer
Straßen - zurück zur Königstraße und zum Hauptbahnhof.

Linden-Museum:
*Di, Do, Sa, So 10-17 Uhr, Mi 10-20 Uhr,
Fr 10-13 Uhr, Mo geschlossen. Tel. 2022-456.
Eintritt zu den Dauerausstellungen frei.*

▲ *Holzmaske aus Kamerun.*

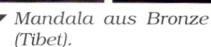

▼ *Mandala aus Bronze (Tibet).*

▲ *Maske aus Papua Neu-guinea.*

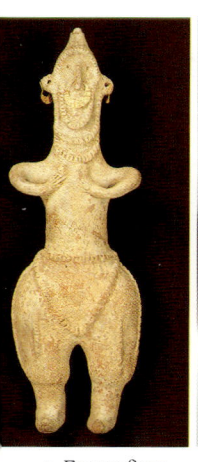

▲ *Frauenfigur (Iran, um 1000 v. Chr.).*

▼ *Schachtel aus Birken-rinde (Nordamerika).*

Vishnu-Figur aus Indien ▲ *(um 1300).*

Blick über die Stuttgarter Altstadt mit dem Schloßplatz und dem Neuen Schloß im Zentrum, rechts davon das Alte Schloß und die Stiftskirche.

*Links erkennen wir das Landtagsgebäude, das Staatstheater und
das Kunstgebäude, die sich um den Theatersee gruppieren.*

Eberhardsgruppe im Mittleren Schloßgarten.

Durch Parkanlagen zur Wilhelma

Wer vom Hauptbahnhof aus einen längeren Spaziergang durch Grünanlagen machen möchte, die ja bereits im Zentrum der Stadt, am Neuen Schloß, beginnen, der begibt sich zum **Mittleren Schloßgarten** an der Südostseite des Bahnhofs. Nahe dem spitzen Zeltdach des Landespavillons und der marmornen Eberhardsgruppe (Graf Eberhard ruht im Schoße eines Hirten, 1881) befindet sich hier eines der modernsten und meistbesuchten Planetarien der Welt. Während ein Teil der Besucher, umschwebt von den Klängen

Moderner Bau des Carl-Zeiss-Planetariums.

klassischer Musik, im Kippsessel unsere Sternenwelt bewundert, sendet ein Wettersatellit aktuelle Bilder der Erde auf die Bildschirme des Nachbarsaals.

Nachdem der Besucher einen See und die Fußgängerbrücke über die Cannstatter Straße passiert hat, ist er im **Unteren Schloßgarten** angelangt. Insgesamt fast 4 km Länge mißt die Parkanlage, die sich vom Akademiegarten beim Neuen Schloß bis zur Uferstraße am Neckar erstreckt und die König Friedrich I. anlegen ließ.

Auf dem Hügel jenseits der Cannstatter Straße befinden sich in der "Villa Berg" Studios des Süddeutschen Rundfunks. Das Gebäude entstand 1845-53, nachempfunden dem Stil der italienischen Renaissance, als Sommersitz für Kronprinz Karl und Zarentocher Olga. Zu Füßen des Hügels sprudeln 2 der 11 Heilquellen, die Stuttgart in den Stadtteilen Berg und Bad Cannstatt besitzt und welche die Bäder "Berg" und "Leuze" speisen und mit 27 Mio. l täglich nach Budapest die stärksten Mineralquellen in Europa sind. Nicht nur für die Freizeit, auch für Kurzwecke ist das Wasser bestens geeignet.

Das Mineralbad Leuze wird von den Stuttgartern und ihren Gästen gern besucht.

Planetarium:
Öffentliche Vorführungen Di-Fr 10 und 15 Uhr,
Mi + Fr auch 20 Uhr, Sa + So 14, 16 und 18 Uhr.
Tel. 16292-15, Fax 2163912.

An seinem nordöstlichen Ende geht der Schloßgarten über in den **Rosensteinpark,** mit seinem alten Baumbestand und dem ehrwürdigen Rosengarten wohl eine der schönsten Grünanlagen der Stadt.

In neuerer Zeit hat man ihn umgestaltet, um hier die Entwicklung der Gartenbaukunst zu demonstrieren. 1993 fand hier die Weltausstellung IGA EXPO (Internationale Gartenbauausstellung) statt. König Wilhelm I. ließ den Garten auf dem Cannstatter Weinbergsgelände anlegen, nachdem er hier ein "Landhaus" (1824-29) hatte erbauen lassen. Das renovierte Schloß Rosenstein birgt heute ein beachtenswertes Naturkundemuseum. Den nordöstlichen Teil des Parks nimmt der sehenswerte Zoo "Wilhelma" ein.

Naturkundemuseum Schloß Rosenstein:
Di-Fr 9-17 Uhr, Sa, So + Feiertage 10-18 Uhr.
Tel. 89360.

Das Schloß Rosenstein beherbergt ein Naturkundemuseum und ist vom sehenswerten Rosensteinpark umgeben.

Die Wilhelma

Im Auftrag König Wilhelms I. entstand zwischen 1842 und 1853 die **Wilhelma** als "Gartenhaus mit Wohngebäuden und Ziergewächshäusern im maurischen Stil". Trotz der Zerstörungen des

Neben ihrem berühmten Tierbestand gefallen in der Wilhelma auch die botanischen Kostbarkeiten und die "maurischen" Bauten.

2. Weltkrieges, denen die alte Schloßanlage zum Opfer fiel, sind die orientalischen Bauwerke auch heute noch allein einen Besuch wert. Seit Gründung der Anlage kultiviert man hier exotische Pflanzen in dem historischen Park, der ab den 50er Jahren auch zum Tierpark ausgebaut wurde. Diese Kombination aus zoologischem und botanischem Garten inmitten orientalischer Architektur macht den

Besuch der Wilhelma zu einem unvergleichlichen Erlebnis. In dem weitläufigen Gelände werden etwa 4000 Orchideenpflanzen gepflegt und jeweils mehr als 30 Sorten Kamelien und Azaleen, deren Sträucher teilweise noch aus der Gründungszeit des Parks stammen. Weitere botanische Kostbarkeiten sind die tropischen Seerosen und Lotosblumen, die Sukkulenten und Fuchsien, die in mehr als 200 Sorten blühen, sowie die Rhododendren und die tropischen Nutzpflanzen. Etwa 70 Bäume bilden Europas größten Magnolienhain.

9000 Tiere in fast 100 Arten bevölkern die zoologische Abteilung und bieten einen sehenswerten Querschnitt durch alle Klimazonen der Erde. Zu Weltruf gelangte die Wilhelma durch ihre erfolgreiche Jungtieraufzucht, vor allem bei den Menschenaffen und noch mehr bei den seltenen Nasenaffen, bei Gänsegeiern und Seeadlern. Zu den Raritäten gehören auch auch die Przewalskipferde - in der Natur ausgestorben-, die Schneeleoparden und die Bergtapire, von denen es nur 6 Exemplare in den Zoos der Welt gibt. Durch künstliche Zeitverschiebung in den beiden Nachttierhäusern hat man es erreicht, daß deren Bewohner tagsüber aktiv und von den Besuchern zu beobachten sind. Außer Säugern und Vögeln hat das berühmte Aquarium dem Zoo seinen klangvollen Namen verschafft. Neben Fischen aus aller Herren Länder leben hier Frösche, Schlangen, Krokodile und Pinguine. Die kleinsten Zoobewohner finden wir im Insektarium, wo Spinnen und Skorpione, Schmetterlinge und Käfer, Bienen und Ameisen ausgestellt sind.

Nahe beim Haupteingang steht das prächtige Wilhelma-Theater (1839-40), das Wilhelm I. als Hof- und Kurtheater erbauen ließ. Heute dient es der Staatlichen Hochschule für Musik und Darstellende Kunst als Lernbühne.

Bad Cannstatt

An der Westseite des Parks ist an der Ecke Löwentor - Nordbahnhofstraße das Staatliche Naturkundliche "Museum am Löwentor" untergebracht. Neben der Evolution der Lebewesen, gezeigt an vielen Fossilien aus Baden-Württemberg, widmet es sich besonders dem Steinheimer Urmenschen.

Rosensteinpark und Wilhelma gehören zum Stadtteil Bad Cannstatt, dessen sehenswerter mittelalterlicher Kern jedoch auf der rechten Neckarseite liegt. Seine Mine-ralquellen waren bereits im Mittelalter als heilkräftig bekannt. Ab 1825 ließ König Wilhelm I. hier einen Kursaal in klassizistischem Stil erbauen. Das Reiterstandbild vor der halbrunden Vorhalle stellt den Monarchen dar, dem Cannstatt

Naturkundliches "Museum am Löwentor":
Di-Fr 9-17, Sa, So + Feiertage 10-18 Uhr.
Tel. 89360, Fax 8936-100.

▲ *Bad Cannstatt: Säulenvorbau des Kursaals und Reiterstandbild König Wilhelms I. von Württemberg.*

Bad Cannstatt: ▶
Brunnen im Kurgarten.

seine Blütezeit als Kurbad Mitte des vorigen Jahrhunderts verdankte. Das Gebäude selbst ist heute Schauplatz von Tanzveranstaltungen, Kongressen und Tagungen. Im **Kurpark** finden wir außerdem einen Musikgarten und seit 1994 ein modernes Kur- und Heilmittelzentrum.

Die Uffkirche erinnert an die einstige Siedlung **Uffkirchen,** die Cannstatt einverleibt wurde. Diese älteste erhaltene Kirche Stuttgarts (15.Jh.) repräsentiert den Baustil der Spätgotik. Auf dem angrenzenden Friedhof liegen der Dichter F. Freiligrath († 1876) sowie die Erfinder Gottlieb Daimler (†1900) und Wilhelm Maybach (†1929) begraben. Nicht weit vor hier, in einem Gartenhaus an der Taubenheimer Straße, gelang den beiden 1883-85 die bahnbrechende Erfindung des Benzinmotors, der die Welt revolutionierte. Die erste Werkstatt der beiden ist zu einer Gottlieb-Daimler-Gedächtnisstätte ausgebaut worden. Maybach war 1895 technischer Direktor der 1890 gegründeten Daimler-Motoren-Gesellschaft, die um die Jahrhundertwende unter dem Modellnamen "Mercedes" die ersten modernen Kraftwagen herausbrachte.

Viel Trubel gibt es beim Volksfest auf dem "Cannstatter Wasen", das alljährlich im September steigt.

Die Niederung am Neckar, der **Cannstatter Wasen,** ist vor allem durch das Volksfest Ende September bekannt geworden. Neben der Festwiese hat man hier riesige Parkplätze, einen Campingplatz sowie unzählige Sport- und Spielplätze untergebracht, von denen das **Gottlieb-Daimler-Stadion** und die moderne **Hanns-Martin-Schleyer-Halle** die berühmtesten sind.

Sechs-Tage-Rennen in der modernen Hanns-Martin-Schleyer-Halle auf dem Cannstatter Neckarvorland.

Untertürkheim

Nach Süden schließen sich die **Daimler-Benz-Werke** an, die zum Stadtteil Untertürkheim gehören. Innerhalb des Werksgeländes findet sich eines der interessantesten Automobilmuseen der Welt. Es zeigt die Entwicklung des Autos durch Gottlieb Daimler, Karl Benz und Wilhelm Maybach von ihren Anfängen als selbstfahrende Kutsche bis hin zum zeitgemäßen Luxusgefährt. Besonders interessant sind die Rennsportwagen der verschiedenen Epochen seit 1895, dem Jahr des ersten Autorennens, sowie die Fahrzeuge, die speziell für Geschwindigkeitsrekorde gebaut wurden, und die Nobelkarossen mächtiger Staatsmänner. Das Ganze bietet das Museum als Multi-

*Daimler Riemen-
wagen von 1894.*

*Mercedes 600,
Kompressor-
Sportwagen (1926).*

*Formel-Rennwagen
(1939, 254 PS).*

Media-Show auf 5700 qm Fläche. Bei den 26 Stationen des Rund-
gangs erfährt der Besucher funkgesteuert und in seiner Heimat-
sprache alles Wissenswerte über den jeweilen Themenkreis.

Mercedes-Benz Museum: *Zugang über Tor Cannstatt,
Di-So 9-17 Uhr, feiertags geschlossen.
Eintritt frei. Gruppenanmeldung: 0711/17-22578*

Daß Untertürkheim neben dem Stammwerk eines der größten Industrieunternehmen der Welt ausgedehnte Rebanlagen besitzt, ist nur für den eine Überraschung, der das schwäbische Gemüt nicht kennt. Zur Lebensphilosophie des Schwaben gehört neben "schaffe", "spare", "Häusle baue" auch das "Viertele schlotze", dessen Bedarf man aus Ersparnisgründen möglichst aus dem eigenen Weinberg deckt. Das **Weinbaumuseum** im Ortsteil Uhlbach enthält eine ansehnliche Sammlung von Weinbaugerätschaften und -pressen, Fässern, Flaschen und Trinkgefäßen bis hin zu Ausgrabungsfunden der Römer, die den Weinbau bekanntlich über die Alpen brachten.

Alte Weinpresse im Weinbaumuseum des Stadtteils Uhlbach.

Über dem benachbarten Ortsteil Rotenberg, einem ehemaligen Winzerdorf, erhebt sich der 410 m hohe **Württemberg,** auf dem seit dem Jahr 1083 die Grafen von Württemberg ihren Stammsitz hatten. Die Burg wurde 1311 von der Reichsstadt Esslingen zerstört, die Grafen verlegten ihre Residenz nach Stuttgart. Nachdem man 1819 die Reste der Ruine abgetragen hatte, ließ König Wilhelm I. für seine im gleichen Jahr verstorbene Gemahlin Katharina von Rußland hier eine **Grabkapelle** erbauen.

Information

Weinbaumuseum:
1.4.-31.10. Sa 14-18, So/Feier 10-12 und 14-18 Uhr. Tel. 0711/325718. Eintritt frei. Gruppenführungen immer möglich. Anmeldung: Tel. 0711/2162857.

Grabkapelle für die Gattin König Wilhelms I. auf dem Württemberg, wo einst die Stammburg des Herrschergeschlechts stand.

Am Killesberg

Zu den Naherholungsgebieten innerhalb der Stuttgarter Gemarkung gehört auch der Höhenpark **Killesberg.** Der damalige Reichsarbeitsdienst planierte ab 1935 das verwilderte Gelände eines ehemaligen Steinbruchs für eine Reichsgartenschau. Nach den Zerstörungen des Weltkriegs legte man den Park Anfang der 50er Jahre neu an und schuf gleichzeitig mit dem Bau von Hallen die Voraussetzung für die Stuttgarter Messe.

Attraktive Spazierwege in üppiger Vegetation, eine herrliche Aussicht sowie eine Kleinbahn locken heute Scharen von Besuchern in Stuttgarts höchste Parkanlage. Etliche Restaurants und eines der schönsten Freibäder sorgen für zusätzliche Attraktivität.

Grabkapelle des Württembergischen Königspaares:
Öffnungszeiten: März bis Okt. mittwochs 10-12 Uhr, freitags bis sonntags und feiertags 10-12 Uhr und 13-17 Uhr. Infos: Hochbauamt Stuttgart.
Tel. 0711/6673-4369 oder 0711/337149.

▲ *Parkanlage auf dem Killesberg.*

◀ *Kleinbahn.*

Stuttgarts Wappentier. ▶

▼ *Wasserspiele auf dem Wartberg.*

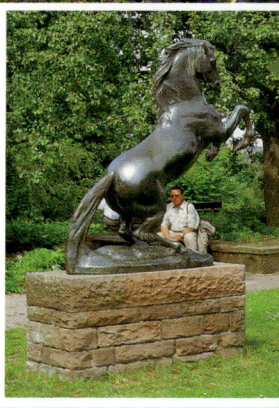

Der Fernsehturm

Im südlichen Teil Stuttgarts, im Stadtteil Degerloch, erhebt sich auf der Kuppe des Hohen Bopser (483 m) der erste Stahlbeton-Fernsehturm der Welt. Zur Zeit seiner Erbauung (1954-56) galt er als technische Sensation und viele glaubten, der nächste Orkan würde die spitze Betonnadel von 217 m Höhe (einschließlich Sendemast) einfach umblasen. Inzwischen ist sie zum Vorbild von vielen auch bedeutend höheren Fernsehtürmen in aller Welt und gleichzeitig zum Wahrzeichen der Landeshauptstadt geworden.

Im Turmkorb, der sich bis 152 m über dem Erdboden befindet, sind neben den Senderäumen des Süddeutschen Rundfunks je ein Restaurant und Café sowie oberhalb zwei Aussichtsplattformen untergebracht. Von hier oben haben die Besucher einen einmaligen Rundblick über die Stadt und ihre Umgebung, das Neckartal und die Schwäbische Alb, zum Schwarzwald und zum Odenwald, an manchen Tagen sogar bis zu den Gipfeln der Alpen. Die leistungsfähige Gastronomie oben im Turm wird ergänzt durch zwei Restaurants mit Gartenterrassen am Fuß des Giganten. Deren Besucher ersparen sich immerhin je 40 Sekunden für die Fahrt des Aufzugs hinauf und herunter.

Noch weiter südlich, wenn auch innerhalb des Stadtgebiets, liegen die Gebäude des ehemaligen **Schlosses Hohenheim** (1785-91).

Der älteste Stahlbeton-Fernsehturm der Welt.

Sie entstanden samt dem damals berühmten "Englischen Dörfle" ebenso wie das Neue Schloß und die Schlösser Solitude und Monrepos unter Herzog Carl Eugen, der neben Begabung und Kunstsinn auch seinen Hang zu Despotismus und Bauwut demonstrierte. Auf dem einstigen Landsitz wurde 1818 die Landwirtschaftliche Unterrichts-, Versuchs- und Musteranstalt gegründet, die 1967 zur Universität erhoben wurde. Sehenswert ist das landwirtschaftliche **Museum,** in dem auch historische Landmaschinen zu bewundern sind. Der Schloßpark dient heute als **Botanischer Garten** der Hochschule. Ganz in der Nähe liegt der sehenswerte **Exotische Garten.**

Das Mahnkreuz auf dem Birkenkopf erinnert an die Opfer der Luftangriffe des Zweiten Weltkriegs.

Im Westen von Stuttgart

Wer das Stadtgebiet in Richtung Leonberg verläßt, passiert bald nach dem Ende der geschlossenen Bebauung einen relativ hohen, an seinem Gipfel kahlen Berg, den **Birkenkopf.** Ein Kreuz erinnert an die Luftangriffe der Alliierten im Jahr 1944, denen die Stuttgarter Innenstadt fast vollständig zum Opfer fiel. Die unbrauchbaren Trümmer lagerte man hier auf dem damals 471 m hohen Berg, der dadurch auf 511 m anwuchs und nach dem Fernsehturm der höchste Aussichtspunkt Stuttgarts ist.

Etwa 1 km weiter westlich beginnt eines der meistbesuchten Naherholungsgebiete der Metropole, der Rot- und Schwarzwildpark. Die Rennstrecke der "Solitude", einst Grand-Prix-Strecke mit bis zu 300.000 Besuchern, verlief an der Südgrenze des heutigen Naturschutzgebietes.

Wo einst die württembergischen Herzöge ihrer Jagdleidenschaft frönten, genießen heute Hunderte von Ausflüglern an den Wochenenden die freie Natur auf Waldwegen und am Ufer der Seen. Hier am **Bärensee** hatte Carl Eugen 1768 ein "Schlößle" bauen lassen nebst einem Bootshaus für prunkvolle Gondeln. 1817 wurde das zweistöckige Schlößchen abgerissen und durch einen schlichten Pavillon ersetzt, der im letzten Krieg jedoch ausbrannte. Inzwischen steht hier ein ganz neuer Bau. Von diesem Nebenzentrum führte ein schnurgerader Weg über 3 km bis in die Park- und Gartenanlagen des Lustschlosses Solitude.

Schloß Solitude

Auf einer der Jagden war Herzog Carl Eugen die Schönheit dieses Platzes mit seiner weiten Aussicht über das württembergische Unterland aufgefallen. Zunächst wollte er hier eine "Retraite" schaffen lassen, einen zurückgezogenen Ort der Einkehr, ein Schlößchen "Solitude" (= Einsamkeit). Der rastlose Bauherr jedoch plante weiter und weiter, so daß aus der Retraite ein Lustschloß wurde und daraus - durch die weitläufigen Gartenanlagen und ihre Bauten - schließlich eine Sommerresidenz auf 100 Hektar Fläche. Nachdem die Planierarbeiten fertiggestellt waren, begann man 1764 mit den Arbeiten für die geschwungenen Nebengebäude, den Kavaliers- und den Officenbau, sowie für die je 10 kleineren Pavillons in ihrer Verlängerung. 1766 waren die Nebengebäude fertiggestellt, der Hauptbau konnte 1769 eingeweiht werden, und man begann mit der Anlage des großen Gartens und seiner Gebäude einschließlich des chinesischen Hauses, des Marstalls und des Lorbeersaals, die 1771 fertiggestellt waren.

Im Jahr zuvor hatte der Herzog die "Militärische Pflanzschule" gegründet, die spätere Hohe Carlsschule. Sie wurde vorläufig in den Orangeriehäusern untergebracht. 1772 legte der Herzog den Grund-

Schloß Solitude:
April - Okt. Di-So 9-12 und 13.30-17 Uhr, Nov. - März Di-So 10-12 und 13.30-16 Uhr. Tel. 0711/696699.

Schloß Solitude mit dem Hauptbau und den kreisbogenförmigen Nebengebäuden, dem Kavaliersbau und dem Officenbau (links).

stein zu einem großzügigen Schulneubau, der jedoch nie vollendet wurde. 1775 verlegte er die Militärakademie nach Stuttgart, sein Interesse an der Solitude flaute in zunehmendem Maße ab und wandte sich neuen Projekten zu, vor allem dem Ausbau des Hofguts Hohenheim zum Schloß.

In der Zeit von 1773 bis zur Verlegung der Akademie wurde Friedrich Schiller hier ausgebildet. Sein Vater, ein ehemaliger Hauptmann, war Vorgesetzter der Hofgärtnerei und Intendant der Solitude. Die Gartenanlagen blieben weitgehend versorgt, das Schloß jedoch wurde nur noch für besondere Feierlichkeiten benutzt wie 1779, als der Herzog von Weimar und sein Schützling Goethe hier an einer Jagd teilnahmen. Viele der exotischen Gewächse brachte man zum "Englischen Dörfle" nach Hohenheim. In den Jahren nach Carl Eugens Tod wurden die Gartenanlagen und -gebäude weitgehend zerstört oder nach Stuttgart verbracht (z.B. die Eberhardskirche, Königstraße), einige Nebengebäude als Lazarette für die Kriege 1796-1814, 1866, 1870/71, 1914-18 und 1939-45 benutzt. 1817 wurde die Solitude zu einem Staatsgut umgewandelt und verpachtet. Nur das Lustschloß wurde mit minimalem Aufwand erhalten und ist heute ein beliebtes Ausflugsziel.

Das Lustschloß Solitude mit dem zentralen Kuppelbau und den breiten, weit geschwungenen Freitreppen diente lediglich Repräsentationszwecken.

Für den Aufenthalt des Herzogs und seines Gefolges waren die relativ einfachen Nebengebäude bestimmt, während das Lustschloß lediglich repräsentativen Zwecken diente. Selbst das obligatorische Schlafzimmer wurde von keinem der Fürsten je benutzt. Das gesamte Gebäude entstand im Stil des Spätbarock mit je 2 breiten Freitreppen und einer Terrasse als Unterbau. Darüber erhebt sich ein Kuppelbau mit 2 symmetrischen Flügeln, in welchen die im Stil eines dezenten Rokoko reich ausgestalteten Haupträume eine Flucht bilden. Der Weiße Saal - größter Raum, direkt unter der Kuppel - und der kleinere Marmorsaal unterscheiden sich von den anderen Räumen durch ihre im griechischen Stil gestalteten Säulenordnungen und Ornamente. Da von der originalen Möblierung wenig erhalten blieb, wurde sie aus Beständen des Württembergischen Landesmuseums ergänzt.

Die große Wiese in Richtung Ludwigsburg war in früherer Zeit ein befestigter Hof, halbkreisförmig eingerahmt durch eine Ballustrade mit lebensgroßen Statuen. Dieser Figurenschmuck fand an den Ballustraden der Terrasse und des Kuppeldachs seine Ergänzung, bekrönt durch die noch größere Statue der "Virtembergia" auf seinem höchsten Punkt. Davon ist ebenso wenig erhalten wie von den Gebäuden des Gartens, wie dem 115 m langen Lorbeersaal - mit reich geschmücktem, dreigeteiltem Saal, Nebenkabinetten und Konzertsaal - oder dem berühmten Marstall. Dieses Gebäude sollte aus 4 Flügeln mit 230 m Seitenlänge um einen rechteckigen

Innenhof entstehen. Immerhin waren 1770 zwei Flügel fertiggestellt, auf die restlichen verzichtete man. Ein Zeitgenosse bemerkte dazu, daß manche Fürsten nicht so gut lebten wie hier die Pferde: Die 308 Stellplätze waren weiß gekalkt, mit steinernen Trögen, eisernen Raufen und verdeckten Abflußkanälen versehen. Ein geschnitzter Hirschkopf mit echtem Geweih trug das Namensschild des Pferdes. Im breiten, sandbestreuten Mittelgang konnten zwei Kutschen bequem aneinander vorbeifahren. Die Kuppel über der Mitte der Marstalls schmückten zwei vergoldete Pferde. Darunter lag ein säulenge-schmückter Rundbau, wo der Herzog gern vornehme Gäste bewirten ließ. Für das Wohl ihrer vierbeinigen Begleiter waren 4 kupferne

Der Weiße Saal, größter Raum des Schlosses, beeindruckt durch seinen reichen Figurenschmuck und das Deckengemälde unter der ovalen Kuppel.

Becken als Tränke eingebaut, in die aus den Nüstern von Pferde-skulpturen ständig frisches Wasser floß. Im Obergeschoß des Gebäudes waren Heuböden sowie die Oberstallmeisterei eingerichtet.

Leider ist von der aufwendigen Gesamtanlage wenig geblieben. Neben dem Hauptbau sind es lediglich die Nebengebäude, die den rückwärtigen Abschluß des gepflasterten Hofes bildeten. In den ehemaligen Assemblée-Räumen des Kavaliersbaus ist heute ein Restaurant untergebracht. Außerdem gab es im Erdgeschoß die schlichte Wohnung des Herzogs und die Kapelle, im Obergeschoß Räume für das Gefolge und für Gäste.

Der angrenzende Officenbau besaß neben einer Bildergalerie und vielen Wirtschaftsräumen ein kleines Theater. Nicht mehr vollzählig sind die zweimal 10 kleineren Nebenpavillons. In Verlängerung des Officenbaus waren die Küchen, das Küchenmeistergewölbe, der Küchenmeister selbst sowie die Inventarverwaltung unterge-bracht, an der Ostseite der Sommerspeisesaal, drei Billardgebäude sowie die Wohnungen der Edelknaben.

Ludwigsburg

Eine 13 km lange, schnurgerade Allee, noch heute Grundlage der staatlichen Landesvermessung, verband einst Schloß Solitude mit dem älteren Barockschloß Ludwigsburg. Auch dieses sollte zunächst ein Jagdschloß werden, nachdem das alte Gut Erlachhof, der Vor-gängerbau, im Jahr 1693 den französischen Heerscharen Ludwigs XIV. zum Opfer gefallen war. 1704 kehrte Herzog Eberhard Ludwig, der siegreich unter Prinz Eugen gegen Bayern und Frankreich gekämpft hatte, heim und ließ einen völlig neuen Schloßbau be-ginnen, der bald "Ludwigsburg" genannt wurde. Unter Festungs-baumeister Nette entstand das Alte Corps de logis, der kastenförmige alte Palast gegen den Nordgarten, von diesem durch Terrassen getrennt. Wie die meisten Fürsten der damaligen Zeit packte den Herzog nun die Baulust, so daß Nette die Front um je eine Galerie und einen Pavillon verbreiterte sowie den Ordens- und den Riesenbau nach Süden hin anfügte. Auf diese Weise entstand eine recht geräumige, dreiflügelige Schloßanlage. Nach Nettes Tod 1714 übernahm der Italiener Frisoni die Bauleitung, vollendete die begonnenen Bauten

Schloß Ludwigsburg:
Führungen: Mitte März bis November tägl. 9-12 Uhr und 13-17 Uhr durchgehend, November bis Mitte März Mo-Fr 10.30 und 15 Uhr, Sa, So 10-12 Uhr und 13-16 Uhr. Fremdsprachige Führungen und Sonderführungen nach Anmeldung. Tel. 07141/186440, Fax 186434.
Jagd- und Lustschloss Favorite:
Führungen: Mitte März bis Nov. tägl. 9-12 Uhr und 13.30-17 Uhr, Nov. bis Mitte März Di-So 10-12 Uhr und 13-16 Uhr.
Sonderführungen für Gruppen nach Anmeldung.

Die breite Gartenfront des Neuen Corps de logis schließt den riesigen Schloßkomplex nach Süden ab.

und fügte nach Süden die Kavaliershäuser für die Bediensteten an, dazwischen als Verbindungsglieder die Hof- und die Ordenskapelle. Etwa gleichzeitig ließ der Herzog am Ende der Hauptachse nach Norden das romantische Lustschlößchen Favorite errichten. Inzwischen hatte der Herzog seine Gemahlin im Alten Schloß in Stuttgart zurückgelassen und lebte mit seiner einflußreichen Mätresse, Wilhelmine von Grävenitz, in Ludwigsburg, das 1718 seine offizielle Residenz geworden war. Seitlich des Schlosses war ab 1709 die Stadt Ludwigsburg entstanden, die bereits 1724 zur Hauptstadt des Herzogtums erhoben wurde.

Ähnlich wie 50 Jahre zuvor der französische König von Paris nach

Schloß Ludwigsburg: Neues Corps de logis.

Der älteste Teil des Schlosses, das Alte Corps de logis, ist durch Terrassen vom Nordgarten getrennt.

Versailles aus der engen Hauptstadt in die Weite einer offenen Parklandschaft gezogen war, machten es allenthalben die deutschen Fürsten: der Markgraf von Baden-Baden nach Rastatt, der Kurfürst von der Pfalz von Heidelberg nach Mannheim, der Württemberger schließlich nach Ludwigsburg. Für ein Residenzschloß jener Zeit war indes der Gebäudekomplex noch immer zu beengt, so daß mit dem riesigen Bau des Neuen Corps de logis Abhilfe geschaffen werden mußte. Zunächst verlängerte Frisoni die Seitenflügel der

Anlage um zwei schmale Bildergalerien und vergrößerte damit den Ehrenhof auf das doppelte, ehe er ihn durch den neuen Palast nach Süden abschloß. Mit dem seitlichen Anbau des Festin- und des Theaterbaus sowie einiger Nebengebäude schuf er für den nun verlorenen Ehrenhof zwei neue nach Westen und Osten. Damit war eines der größten Schlösser Europas und das heute größte erhaltene Barockschloß Deutschlands weitgehend fertiggestellt, als 1733 der Herzog starb. Aus seinem geplanten Jagdschloß war eine Anlage mit 450 Zimmern geworden. Die Lasten für die Bevölkerung allerdings waren fast unerträglich geworden, immer mehr Württemberger wanderten aus. Bereits ein Jahr später verlegte Eberhard Ludwigs Nachfolger und Vetter Carl Alexander Hof und Residenz nach Stuttgart zurück. Nach mehr als einem Jahrzehnt der ausschweifenden Lustbarkeiten und der großen Gesellschaften wurde es ruhig im Schloß.

1744 dann trat sein sechzehnjähriger Sohn Carl Eugen die Regierung an. Er weigerte sich, in dem alten Stuttgarter Schloß zu residieren und ließ sogleich mit dem Bau des Neuen Schlosses beginnen. Während dieser Bauzeit wohnte er häufig in Ludwigsburg. Bereits 1746-48 ließ er die Ordenskirche für seine Gemahlin zur evangelischen Hofkapelle umgestalten, während die Hofkirche vom katholischen Herzog benutzt wurde. Ab 1758 folgten der Umbau des Schloßtheaters und der herzoglichen Wohnung nach seinem Geschmack sowie die Errichtung des Seeschlößchens Monrepos. Nachdem er 1764 die Residenz wieder förmlich nach Ludwigsburg verlegt hatte, entstand im Schloßpark in Holzbauweise eines der größten Opernhäuser Europas (1764/65, abgerissen 1802).

In jener Zeit blickten viele europäische Fürsten neidvoll auf den württembergischen Hof: Hier führte man die erste Oper Europas auf, traten das beste Orchester und die schönsten Ballette auf, genoß man die beste französische Komödie außerhalb von Paris. Doch bereits nach wenigen Jahren der täglichen Spektakel und außerordentlichen Fêten verlor der Herzog das Interesse daran und wandte sich dem Bau neuer Schlösser zu, nun Solitude und Grafeneck. 1775 zog er mit dem Hofstaat nach Stuttgart zurück, in Schloß und Stadt Ludwigsburg kehrte endgültig Ruhe ein. Die Baulichkeiten des Schlosses blieben in ihrer äußeren Erscheinung von nun an unverändert, lediglich die Ausstattung der Herrschaftsräume paßte man mehrfach dem Zeitgeschmack an. So finden wir heute im Neuen Corps de logis die Wohn- und Repräsentationsräume des schwergewichtigen letzten Herrscherpaares, das Ludwigsburg als Sommerresidenz benutzte. Herzog Friedrich, ab 1803 Kurfürst und ab 1806 bis zu seinem Tod (1816) König von Württemberg - beides Ernennungen Napoleons - wog bei 2,03 m Körpergröße immerhin um 4 Zentner, seine zweite Gattin, Charlotte Mathilde von Großbritannien, "lediglich" 3 Zentner. Ihre Räume sind im Empire-Stil der napoleonischen Zeit eingerichtet, während man im alten

Marszimmer: Deckenfresko (Schlafender Mars) von J.J. Steinfels, 1709-10. – Lüster um 1770. – Trumeauspiegel um 1800. – Applikenpaar um 1760.

Corps de logis und den angrenzenden Bauten weitgehend den barocken Zustand wiederhergestellt hat.

Ebenso beeindruckend wie die Gebäude des Schlosses sind im Sommer die Garten- und Parkanlagen. Seit 1954 findet hier alljährlich die berühmte Gartenschau **"Blühendes Barock"** statt. Auf einer Fläche von mehr als 30 ha bewundert der Besucher eine artenreiche Rosenschau und kunstvolle Barockgärten, Staudenwiese und Raritätengarten, Flamingowiese und Stilgärten der Renaissance. Neben kleineren Volieren gibt es eine 150 m lange Freifluganlage mit über 300 Vögeln, im Tal der Vogelstimmen kann der Besucher seltene Vogelarten singen hören. Im Parkgelände sind neben den Seen noch Bauwerke aus der Zeit um 1800 erhalten, so die über dem alten Steinbruch erbaute Emichsburg und die anschließende künstliche Ruine eines römischen Aquädukts, beides Attribute eines englischen Landschaftsgartens jener Zeit. Neben dem interessanten Japangarten ist der **Märchengarten** eine besondere Attraktion für Familien, die hier Stunden der Erbauung verbringen können. Darstellungen bekannter Märchen, eine Gondelfahrt, die Herzogschaukel und das Puppentheater begeistern vor allem die jüngsten Gäste.

Schloßkirche

In Verlängerung des Schloßparks nach Norden locken das **Lustschloß Favorite** (1716-19) inmitten eines Natur- und Wildparks - auf dem Gelände der ehemaligen herzoglichen Fasanerie - sowie das romantische Seeschlößchen Monrepos.

Zum Abschluß sei ein Besuch des **historischen Marktplatzes** von Ludwigsburg empfohlen, der im Stile des Barock in den Jahren nach 1709 entstand. Zwei Kirchen säumen das arkadenumgebene Zentrum, wo die Geburtshäuser J. Kerners und E. Mörikes stehen. Auch Schiller lebte von seinem siebten bis zum dreizehnten Lebensjahr in Ludwigburg, ehe er zur Hohen Carlsschule auf die Solitude wechselte.

Ludwigsburg: Jagd- und Lustschloß Favorite.

Marbach am Neckar

Verfolgen wir die Spuren Friedrich Schillers zurück, so führt der Weg über Stuttgart, die Solitude und Ludwigsburg zwangsläufig zu seinem Geburtsort Marbach, etwa 8 km nordöstlich von Ludwigsburg gelegen und ein "Katzensprung" mit der S-Bahn-Linie 4. Das hübsche Städtchen wurde bereits 972 urkundlich erwähnt und besitzt mit der Alexanderkirche (um 1450) ein beeindruckendes spätgotisches Bauwerk. Bekannt jedoch wurde es durch den berühmten Dichter der "Räuber" und des "Wilhelm Tell", der hier am 10.11.1759 in einem Fachwerkhaus am Niklastor das Licht der Welt erblickte. Sein Vater hatte hier 10 Jahre zuvor die Tochter des Löwenwirts kennengelernt, sie geheiratet und sich als "Arzt" niedergelassen. Als sein Sohn gerade 4 Jahre alt war, verließ er mit seiner Familie wieder die Stadt und schloß sich als "Feldscher" den Soldaten an.

Friedrich **Schillers Geburtshaus** ist heute nach alten Vorlagen restauriert und für das Publikum zugänglich. Neben Wohn- und Schlafzimmer sind besonders die Obergeschosse sehenswert, wo man Dokumente und Gegenstände aus dem Alltag der Familie präsentiert. Ganz in der Nähe existiert noch das Gasthaus zum Löwen, aus dem Schillers Mutter stammte.

Auf der "Schillerhöhe" gründete man 1895 das **Schiller-Nationalmuseum** als Ausstellungsstätte für den bedeutenden Dichter und die schwäbische Literatur. Heute ist es das größte Literaturmuseum des Landes und ebenfalls zu besichtigen. Das **Deutsche Literaturarchiv** hingegen, im Nachbarhaus untergebracht, dient weitgehend der wissenschaftlichen Forschung an seiner bedeutenden Sammlung literarischer Quellen aus der Zeit Schillers bis hin zur Gegenwart.

Esslingen am Neckar

In einer Viertelstunde erreicht man vom Stuttgarter Hauptbahnhof aus mit der S-Bahn die bestens erhaltene alte Reichsstadt Esslingen, eine Stadt der Superlative. Sie besitzt das älteste nachgewiesene Marktrecht rechts des Rheins (seit 866), das älteste Fachwerkhaus Süddeutschlands (Webergasse 8), die älteste Fachwerkhäuserzeile (am Hafenmarkt) sowie die älteste gotische Hallenkirche (Frauenkirche) im deutschen Südwesten. Auch die anderen beiden Kirchen sind kunsthistorisch interessant. So gilt das katholische Münster

Schillers Geburtshaus:
täglich 9-17 Uhr, Tel. 07144/17567.
Schiller-Nationalmuseum:
Wegen Renovierung vorübergehend geschlossen.

Esslingen am Neckar: Renaissance-fassade des Alten Rathauses.

als erste gewölbte Kirche des Bettelordens der Franziskaner, und die eindrucksvolle Stadtkirche St. Dionys birgt gar den Kern der uralten Siedlung in sich. Bei Grabungen unter den Fußbodenplatten fanden die Archäologen neben mittelalterlichem Münzgeld und einem Feld voller Jakobsmuscheln - Mitbringsel von Wallfahrern aus Santiago di Compostela - die Grundmauern von zwei Vorgängerkirchen, einem Kloster und einem alemannischen Adelssitz sowie unter einem römischen Acker die 3000 Jahre alten Fundamente eines Wohnhauses. Kern der herrlich bunten Altstadt ist das einzigartige Alte Rathaus mit seiner hübschen Renaissance-Fassade samt astronomischer Uhr und Glockenspiel (8, 12, 15, 18 und 19.30 Uhr), seine Rückseite hingegen besteht aus prachtvollem mittelalterlichem Fachwerk. Die neun Stadtniederlassungen auswärtiger Klöster und Domkapitel zeugen von der einstigen Bedeutung der Reichsstadt, die verkehrsgünstig auf dem Fernhandelsweg zwischen den Niederlanden und

Venedig lag. Eine der schönsten dieser Dependancen ist der Speyrer Pfleghof im Stadtzentrum, heute Sitz der ältesten Sektkellerei Deutschlands (sei 1826). Sie nutzt die Lagerkapazität in den elf Kellergewölben, die zeigen, daß auch unsere Vorfahren einen guten Tropfen zu schätzen wußten. Zwischen diesen touristischen Glanzlichtern findet der Besucher noch an manchen Stellen der Altstadt Zeugen früherer Zeit wie Wasserräder, Brückenhäuser und Reste der turmbewehrten Befestigungsanlage, welche sich noch heute durch die Weinberge am Ortsrand zieht. Ohne Zweifel zählt Esslingen zu den schönsten mittelalterlichen Städten Süddeutschlands.

Das SI-Centrum

Im Dezember 1994 öffnete das Freizeit- und Erlebniszentrum Stuttgart International, kurz SI-Centrum genannt, seine Pforten. Es ist einmalig in Europa und nur mit den größten Hotelpalästen in Las Vegas/USA vergleichbar. In den Musical-Theatern läuft zur Zeit Roman Polanskis "Kult-Musical" TANZ DER VAMPIRE und der Musical-Welterfolg Disney's DIE SCHÖNE UND DAS BIEST, beide je achtmal pro Woche und vor 1.800 Zuschauern. Neben Hamburg (Phantom der Oper, Cats) ist damit Stuttgart zur zweiten Musical-Hauptstadt Deutschlands avanciert.

Zu SI-Centrum gehören weiterhin zwei Hotelkomplexe mit insgesamt 649 komfortablen Zimmern und Appartements, ein hochmoderner MaxX-Filmpalast für 1.500 Zuschauer in sechs Vorführräumen,

Das Freizeit- und Erlebniszentrum Stuttgart International, kurz SI-Centrum genannt.

die Spielbank Stuttgart mit 200 Automaten sowie dem Großen Spiel mit Roulette, Baccara und Black Jack, die 6.000 qm große Sauna- und Vitallandschaft SCHWABEN QUELLE mit Saunen, Dampfbädern, Whirlpools und Solarien, der Geundheits- und Fitnessclub "Body & Soul", Live-Musik, die unterschiedlichsten Shops, Bars und Restaurants, darunter ein 1.500 qm großer Biergarten.

Großzügige Konferenz-, Tagungs- und Empfangsräume bieten auch für Firmen attraktive Nutzungsmöglichkeiten.

Das SI-Centrum liegt etwa 8 km südlich vom Stadtkern im Stadtteil Möhringen und ist bequem mit der Stadtbahn (U1 bis Vaihingen, U3 bis Salzäcker) zu erreichen.

Von außerhalb kommt man am günstigsten über die Autobahn Karlsruhe - München, die man an der Anschlußstelle Stuttgart-Degerloch verläßt.

Von hier biegt man auf die B27 in Richtung Innenstadt, ehe man nach ca. 2 km den Hinweisschildern zum SI-Centrum (2.600 Stellplätze für PKW, 60 für Busse) folgt.

Das Keltenmuseum in Eberdingen-Hochdorf/Enz

Die Bundesstraße 10 führt von Stuttgart aus in nordwestlicher Richtung in das Enztal. Wenige Kilometer vor Vaihingen/Enz zweigt eine kleinere Straße nach Hochdorf/Enz (Gemeinde Eberdingen) ab, das 1978/79 durch einen sensationellen historischen Fund in die Schlagzeilen der Weltpresse geriet: Unter einem Erdhügel mit 50 t Gestein fand man die zwar eingedrückte aber sonst unversehrte Grabkammer eines keltischen Fürsten. Die Archäologen fanden heraus, daß der 1,84 m große Adlige im September 550 v. Chr. im Alter von 50 Jahren verstorben und hier in einem Grabhügel von 6 m Höhe und 60 m Durchmesser bestattet worden war. Der fürstlich gekleidete und geschmückte Leichnam lag auf einer Bronzebank, um ihn drapiert die Utensilien für ein üppiges Totenmahl: Eßgeschirr, neun Trinkhörner bis zu 1 m Länge sowie einen riesigen Kessel, der noch zu zwei Dritteln mit Honigwein gefüllt war. Daneben fand man den vierrädrigen, 4,50 m langen Prunkwagen des Fürsten. Während sich die Originale der Grabbeigaben im Württembergischen Landesmuseum im Alten Schloß von Stuttgart befinden, hat man im Keltenmuseum von Hochdorf/Enz die Grabkammer originalgetreu nachgebaut. Hier ist auch der Leichnam des Fürsten zu besichtigen, in anderen Räume zahlreiche weitere Funde aus keltischer Zeit sowie eine komplette Werkstatt aus dieser Epoche. Auch den Grabhügel

Eberdingen-Hochdorf: Der riesige Grabhügel schützte die Grabkammer für mehr als 2500 Jahre vor Zerstörung.

hat man an der ursprünglichen Fundstelle durch Aufschüttung von 280 t Steinen und 7000 m³ Erde wiederhergestellt und zur Besichtigung freigegeben.

Information

Kelten-Museum Hochdorf/Enz:
geöffnet Di-So 9.30-12.00, 13.30-17.00 Uhr.
Tel. 07042/78911.

Stuttgart intim

Wer des Pflastertretens müde ist, sucht sich - je nach Tages- und Jahreszeit, Lust, Laune oder Portemonnaie - einen Sitzplatz in einem Gartenlokal, einer urigen Weinstube oder einem First-Class-Restaurant. Von allen Gattungen und Zwischenstufen findet man in Stuttgart eine riesige Auswahl, am dichtesten gedrängt in der Calwer Straße. Neben ägyptischer, afrikanischer, indischer, chinesischer, süd- und mitteleuropäischer Kochkunst kann der Be-sucher sich auch die einfacheren, typisch schwäbischen Spezialitäten kredenzen lassen, die teilweise, wie die "Spätzle", Eingang in die internationale Küche gefunden haben. Jedoch in der Zusammenstellung, z.B. mit Linsen oder als Teil des "Gaisburger Marsch" (Eintopfgericht mit Fleischstückchen, Kartoffeln, Spätzle und Gemüse in Fleischbrühe) werden echte Schwaben daraus. Sie gehören dann in eine Reihe mit den "Kutteln" (Innereien), "Linsen

Schwäbische Lebensfreude im "Weindorf" auf dem Marktplatz.

mit Saitenwürstle", "Maultaschen" (Hackfleisch und Gemüsen in Teigfüllung, in Brühe oder in Butter erhitzt) und "Rostbraten mit Filderkraut" (eine Weißkrautart). Zum Essen trinkt der rechte Schwabe sein "Viertele" Trollinger, den Rotwein, der an den Hügeln rund um Stuttgart gedeiht, recht trocken sein darf und in Henkelgläsern aufgetragen wird. Dabei besitzt die Stadt auch renommierte Brauereien, bei deren Produkten dem Biertrinker das Herz aufgeht. Stuttgart ist die einzige Stadt in Deutschland, die sowohl ein Weinbau-, als auch ein Biermuseum zu bieten hat.

Wer dermaßen gestärkt und entspannt ein Nachtlager sucht, hat die Auswahl unter mehr als 100 Hotels und Pensionen aller Kategorien. Das traditionsreichste ist das "Steigenberger Hotel Graf Zeppelin". Es gehört zu den drei Spitzenhotels Stuttgarts und beherbergte schon viel Prominenz wie Josephine Baker, Bud Spencer, Königin Silvia von Schweden und Richard von Weizsäcker. Eine vollständige Liste aller Gaststätten, Pensionen und Hotels erhält der Gast bei der Touristik-Zentrum "i-Punkt", Königstraße 1A (gegenüber Hauptbahnhof), Tel. 2228-240.

Weihnachtsmarkt auf dem Schillerplatz zu Füßen der eindrucksvollen Stiftskirche.

Tips und Adressen von A bis Z

Polizei-Notruf: Tel. 110

Feuer: Tel. 112

Auskunft, Zimmernachweis, Veranstaltungen, Theaterkarten:
"i-Punkt" Touristik-Zentrum, Königstr. 1A, 70173 Stuttgart, Tel. 0711/2228-240/241, Fax 2228-253 Öffnungszeiten: Mo-Fr 9.30-20.30, Sa 9.30-18.00, So/Feier 10.30-18.00

Bundesbahn:
Reiseauskunft 0180/5996633

Camping:
Campingplatz Cannstatter Wasen, Bad Cannstatt 0711/556696

**Fernsehturm –
Der älteste der Welt:**
täglich ab 9 Uhr, letzte Auffahrt 22.30 Uhr, 0711/232597

Flughafen:
Flugauskunft: 0711/948-3388

**Gottlieb-Daimler-Gedächtnisstätte –
Geburtsort des Automobils:**
Öffnungszeiten: 10-16 Uhr außer Montag und Feiertage, 0711/569399

Hanns-Martin-Schleyer-Halle:
0711/9554-452, Fax 9554-500

Jugendherberge: 0711/241583

**Kunstgebäude –
Galerie der Stadt Stuttgart:**
Öffnungszeiten: Di-So, Feiertag 11-18 Uhr, Mi 11-20 Uhr, Tel. 2162188

**Kultur- und Kongresszentrum
Liederhalle:**
0711/2027-710, Fax 2027-760

Messe: Stuttgarter Messe- und Kongress-gesellschaft 0711/2589-0

Mineralbäder:
"Leuze" 2164210, "Berg" 261060, "Cannstatt" 2169240

Museen: siehe Infos in diesem Buch; eine Liste weiterer Museen erhalten Sie im "i-Punkt"

Rundfahrten: Beginn und Ende vor dem Hotel am Schloßgarten, Karten gibt es im "i-Punkt", Königstr. 1A, 0711/2228-240

Schiffahrten: Neckar-Personen-Schiff-fahrt, 0711/54997060

Stadtbücherei: Öffnungszeiten: Mo-Fr 11-19 Uhr, Sa 10-16 Uhr, 216-5745

Sternwarte: 0711/281871

SI-Centrum:

**MUSICALS "TANZ DER VAMPIRE"
UND DISNEY'S "DIE SCHÖNE UND
DAS BIEST"**
Vorstellungen: Di bis So jeweils um 20 Uhr, Sa und So zusätzlich um 15 Uhr. Detail-lierte Informationen und Karten gibt es bei: Stuttgart-Marketing GmbH, Tel. 0711/2228-243, STELLA Ticketline, Tel. 0180/54444 und Easy-Ticket-Service, Tel. 0711/2555555

SPIELBANK STUTTGART
Öffnungszeiten: Automatenspiel täglich 13-2 Uhr, "Großes Spiel" täglich 15-3 Uhr, Baccara bis 5 Uhr

SCHWABEN QUELLEN
Öffnungszeiten: Mo, Di und Do 10-23 Uhr, Mi und Fr 10-24 Uhr, Sa 9-24 Uhr, So 9-23 Uhr, Eintrittspreise ab 26,- DM

BODY AND SOUL
Öffnungszeiten: Mo-Fr 7-23 Uhr, Sa 9-23 Uhr, So und Feiertage 9-20 Uhr, Informationen unter Tel. 0711/7252-851, Info: Tel. 0711/7252-851

Theater: Staatstheater 202090; Altes Schauspielhaus 2265505; Friedrichsbau Varieté 225700; Renitenztheater 297075; Wilhelma-Theater 543984; weitere Adressen über die Tourist-Infor-mation

Tourist-Information: siehe Auskunft

Wilhelma: 0711/54020, ganzjährig täg-lich geöffnet

Wochenmarkt: Di, Do, Sa 7-12.30 Uhr

Zimmerreservierung:
0711/2228-233, Fax 2228-251

Beschriftung des Innenstadtplanes:

1 Hauptbahnhof

2 Touristikzentrum

3 Staatstheater

4 Staatsgalerie

5 Landesbibliothek

6 Kunstgebäude

7 Schlossplatz

8 Neues Schloss

9 Königsbau

10 Alte Kanzlei

11 Prinzenbau

12 Fruchtkasten

13 Stiftskirche

14 Altes Schloss

15 Karlsplatz

16 Bohnenviertel

17 Hegel-Haus

18 Marktplatz

19 Calwer Straße

20 Hoppenlaufriedhof

21 Linden-Museum

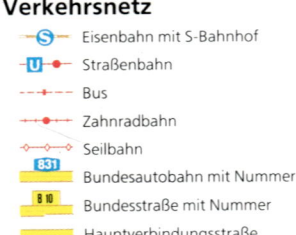
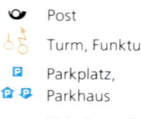